einhorn

© 2021 einhorn-Verlag+Druck GmbH

Gesamtherstellung
einhorn-Verlag+Druck GmbH
Schwäbisch Gmünd

Projektleitung
Jens Giese, einhorn-Verlag

Redaktion
Birgit Markert, einhorn-Verlag

Gestaltung und Satz
Johanna Dolderer, einhorn-Verlag

Texte und Rezepte
Sabine Stephan

Bilder
Stefanie Stephan, www.homeandherbs.de
HÄNDRIXEN – Hendrik Stüwe, www.haendrixen.com

ISBN 978-3-95747-118-5

1. Auflage, September 2021
Printed in EU

www.einhornverlag.de

A place where everyone has a seat at the table

Als ich meinen Traum in die Tat umsetzte, hatte ich schon einen kleinen Umweg hinter mir. Doch meine Vorstellung, wie und was ich wollte, war immer klar: Ich wollte mein eigenes Café. Ein Ort der Zuflucht, der Gemütlichkeit, der Zusammenkunft. Ein Ort, an dem das Wort »Gastfreundschaft« nicht nur eine Floskel ist, sondern eine Einstellung. Eben ein Ort, an dem jeder einen Platz am Tisch hat. Ein Stückchen Großstadtfeeling auf dem Land.

In meinem Leben verbrachte ich viele Stunden in einem Café. Oft über die ganze Welt verstreut: Im Internet-Café, um bei Ebay zu shoppen, weil wir daheim noch kein Internet hatten. In Singapur, auf der Suche nach einem Apartment. Mit meinen Kindern Emma und Sissy in Detroit, Michigan, als sie noch Babys waren und ich dringend einen Platz zum Füttern oder Stillen brauchte. Emma machte sogar einige Ihrer ersten Schritte in einem Café. In Koblenz während meines Studiums zum Lernen. In Tulum, Mexiko, wo es eigentlich viel zu heiß war zum Kaffeetrinken, es aber einen Pool gab, in dem man es gut aushalten konnte.

In Stuttgart, wo ich aufgeregt auf meinen Mann wartete, da wir hier unser erstes Date im real life hatten. In einem Starbucks, wo ich die meiste Zeit saß, um an meiner Idee für das Oh Mother zu arbeiten.

Die Sterne-Küche lernte ich schon sehr früh kennen, wollte diese aber für meinen eigenen Laden hinter mir lassen. Vielmehr sollten hier hausgemachte Köstlichkeiten die Leute zum Verweilen und Wiederkommen einladen. Backwaren wie bei Mutti. Außerdem spielen in meiner Küche Regionalität und saisonale Produkte eine große Rolle. Und mit einem Besuch auf dem Schwäbisch Gmünder Wochenmarkt kann ich so zwei Fliegen mit einer Klappe schlagen.

WIESO VEGAN?

Dass die Ernährung eine wichtige Rolle für die Gesundheit des Körpers spielt, sollte jedem bekannt sein. Keine Sorge - ich werde Euch hier keine Vorträge darüber halten, was gesunde Ernährung ist. Möchte Euch aber meine Geschichte erzählen und warum bei uns im Café das Angebot an veganen und teilweise glutenfreien Speisen keine Modeerscheinung ist. Ich litt jahrelang unter Schmerzen. Magenkrämpfe, Übelkeit und Kopfweh oft direkt nach dem Essen. Aber vor allem machte mir der Rücken aufgrund einer Rheuma-Erkrankung immer zu schaffen. So erbte ich von meinem Opa nicht nur die Liebe zum Kanurennsport, sondern auch die Rheumaerkrankung Morbus Bechterew.

Da ich einfach nicht mein Leben lang von Schmerzmitteln oder Kortison abhängig sein wollte, befolgte ich den Rat meines Rheumatologen und änderte meine Ernährung von heute auf morgen. Der Verzicht auf alle tierischen Produkte sollte für mich Erfolg bringen. Das ist nun schon sieben Jahre her. Und ich kann Euch sagen, zu diesem Zeitpunkt war vegane Ernährung eher etwas, wovon man hinter vorgehaltener Hand erzählte. Außer Haus essen war eigentlich unmöglich, es sei denn man stand auf Salat und Tofu.

Heute kann ich phasenweise »normal« essen, nur Laktose ist noch immer nicht mein Freund. In Schüben werde ich diesen Weg aber wohl immer gehen müssen.

INHALT

💡 TIPP   🌱 VEGAN

Grundrezepte
Mürbeteig 🌱 8
Mürbeteig 9

Oh Mother Classics
Peanut Butter Cake 10
Apfel-Tartelettes 12
Brownies 🌱 14
The one & only Banana Bread 16
Franzbrötchen 18
Pancakes 🌱 22

Kuchen
Rhabarber-Erdbeer-Küchlein 🌱 26
Zitronen-Olivenöl-Tarte 28
Bounty Cake 30
Rhabarber-Erdbeer-Tartelettes 32
Piña-Colada-Kuchen 34
Baileys-Latte-Mini-Gugelhupf 36
Red Berries-Schokoladen-Tarte 🌱 ... 40
Apple Peanut Butter Cake 🌱 42
Lavendel-Kuchen 🌱 44
Feigen-Tarte 46

Blueberry Lemon Loaf 48
Buttermilch-Zitronen-Kuchen 50
Zitronen-Mohn-Gugelhupf 52
Death by Chocolate 🌱 54
Himbeer-Schokoladen-Cookies 56
Eierlikör-Blaubeer-Gugelhupf 60
Orange-Thymian-Küchlein 62
Matcha-Kuchen 🌱 64
Cashew-Weiße Schokolade-Cookies .. 66
Erdbeeren-After 8-Tarte 68
Träubles-Kuchen 🌱 70
Käsekuchen ohne Boden 72
Orange-Himbeer-Mohn-Loaf 74
Rosmarin-Pfirsich-Tarte 76
Salted Caramel 🌱 78

Getränke
Dalgona Coffee 80
Coldbrew Coffee 81
Matcha Latte 82
Pink Latte 82

MÜRBETEIG

300 g Mehl
200 g Margarine
2 EL Wasser
100 g Zucker
Prise Salz
1 TL Vanille-Extrakt oder
   Bourbon-Vanillezucker
1 Messerspitze Kurkuma

Die zimmerwarme Margarine mit dem Zucker und der Prise Salz vermengen.
Dann nach und nach Mehl & Kurkuma dazu geben. Zum Schluss das Wasser und den Vanille-Extrakt einrühren und bei Bedarf mehr dazu geben.

Ich verarbeite meinen Mürbeteig immer gleich, ohne ihn kaltzustellen.

MÜRBETEIG

175 g Butter, 100 g Zucker, 1 Ei, 300 g Mehl
1 Prise Salz

So, und nun müsst Ihr alles, was Ihr über Mürbeteig gelernt oder gehört habt, vergessen. Falls mein alter Patisserie-Lehrer das hier lesen sollte - sorry!

Denn der Mürbeteig, den wir im Oh Mother für unsere Kuchen verwenden, ist nicht gerade lehrbuch-konform.

Zuerst schmelzt Ihr die Butter in der Mikrowelle ca. 1 Minute.

 Achtung: Nicht vergessen, das Gefäß in der die Butter geschmolzen wird abzudecken, da sonst die Butter auch gerne mal »explodiert«.

Sie soll quasi flüssig sein, aber nicht heiß. Dann werden die Eier und der Zucker aufgeschlagen, bis sie ihre Masse quasi verdoppelt haben. Dann die geschmolzene Butter hinzufügen und weiter schlagen. Zum Schluss das gesiebte Mehl und die Prise Salz unterrühren.

Ihr könnt den Teig nun gleich verwenden und müsst Ihn NICHT erst kaltstellen. Wir mögen ihn so am liebsten und drücken ihn meist schon direkt in die Form.
Für unsere Apfel-Tartelettes zum Beispiel machen wir das so.
Diese sollen richtig schön nach Teig schmecken und nur am Rand knusprig werden.

Peanut Butter Cake

1/2 Glas Peanut Butter (crunchy)
400 g Mehl
150 ml pflanzliches Öl
180 ml Milch
   (hier könnt Ihr jede Art von Milch verwenden)
1 Päckchen Backpulver
60 g Backkakao
4 Eier
200 g brauner Zucker

Zubereitung

Eier aufschlagen und den braunen Zucker hinzufügen. Peanut
Butter unterheben. Erst das Öl und dann die Milch hinzufügen.
Mehl, Backkakao und Backpulver sieben und der Eier-Milch-Masse
hinzufügen.
Am besten eignet sich eine Kastenform. Diese mit etwas Butter oder
Margarine einfetten und mit Mehl bestäuben.

Bei 175 °C Umluft auf mittlerer Schiene backen.
Falls Ihr den Kuchen gerne etwas fester mögt, könnt Ihr ihn
ca. 55 Minuten im Ofen lassen. Ansonsten holt Ihr Ihn nach
ca. 45 Minuten wieder raus. Am besten vorher den Stäbchentest machen.

Den Kuchen aus der Form lösen, abkühlen und nach Belieben
verzieren. Wir genießen Ihn oft einfach warm aus dem Ofen.

Oh Mother
Apfel-Tartelettes

Ergibt ca. 8-10 Stück

5 Äpfel (Gala)	150 g Frischkäse
2 EL Zimt	100 g Magerquark
100 g Zucker	10 EL Orangensaft
50 g Butter	5 EL Ahornsirup
5 EL Karamell-Sirup	2 EL Vanille-Extrakt

Zubereitung

--> Für die Böden das Oh Mother Mürbeteig-Rezept auf
Seite 9 verwenden.

Die Äpfel waschen, entkernen und halbieren.
Anschließend die Hälften in dünne Scheiben schneiden.
In einer Pfanne die Butter und den Zucker erhitzen.
Apfelscheiben und Zimt hinzufügen. Alles langsam
einkochen, bis die Äpfel karamellisiert sind.
Anschließend mit ein wenig Karamell-Sirup ablöschen.

Für die Füllung Frischkäse, Quark, Ahornsirup, Orangensaft und Vanille-Extrakt vermengen. Den Mürbeteig in
die Tarteförmchen drücken (ca. 52 g pro Form).
Quarkfüllung auf den Teig streichen und die Apfelscheiben kreisförmig hineinlegen (Rose).

Den Backofen auf 175 °C Umluft erhitzen und die Tartelettes ca. 25 Minuten backen.

bROWNIeS

50 g Backkakao
200 ml Schokohafer Drink
1 Tafel Blockschokolade
200 g Mehl
100 g Apfelmus
200 ml pflanzliches Öl
200 g brauner Zucker

Dekoration

Eine Handvoll Cashewkerne und Zartbitter-Schokodrops

Nachdem Ihr die Form aus dem Ofen geholt habt und sie etwas abgekühlt ist, kann sie direkt für ca. 15 Min in den Tiefkühler. So bleiben sie schön lange saftig.

Zubereitung

Im Wasserbad die Blockschokolade schmelzen. Ein kleines Backblech mit Margarine einreiben und mit Backkakao bestäuben.

Hier ruhig etwas mehr nehmen. Das löst zum einen die fertigen Brownies später einfacher aus der Form, und es bleibt eine leckere Schicht Kakao am Brownie kleben.

Alle trockenen Zutaten (Mehl, Backkakao und Zucker) in einer Schüssel vermengen. Anschließend das Öl, den Haferdrink und das Apfelmus hinzufügen.
Zum Schluss die geschmolzene Blockschokolade unterziehen.
Der Teig sollte richtig zähflüssig sein und lässt sich am besten mit einem Teigschaber in die Backform füllen.
Nun die Nüsse und Schokoladendrops auf der Oberfläche verteilen.
Brownies sollten bei 180 °C 25-30 Minuten in den Ofen. Der Teig sollte nicht tot gebacken werden. Die Brownies sollten später noch eine »feuchte« Konsistenz haben.

14

The one & only
Banana Bread

3 braune / überreife Bananen
3 Eier
220 g Zucker
2 TL Zimt
5 TL Vanille-Extrakt
230 g Mehl
1 Päckchen Backpulver
3 EL Magerquark
50 ml Milch
Eine Handvoll Walnüsse
Eine Handvoll gehackte Blockschokolade

Dekoration

2 kleine Bananen (längs halbieren)
Etwas gehackte Blockschokolade

Zubereitung

In einem Mixer oder mit dem Stabmixer die 3 reifen Bananen, Zimt, Milch und Quark mixen. Die Eier mit dem Zucker cremig aufschlagen. Das Bananenmus zur Eiermischung hinzufügen und mit verrühren. Anschließend das Mehl und Backpulver hinzufügen. Zum Schluss die Walnüsse und gehackte Blockschokolade unterheben.

Eine Kastenform mit Butter einfetten und dann bei 170 °C Umluft ca. 53 Minuten (ja genau, nicht 50 und auch keine 54) backen.

Nach ca. 15 Minuten die restliche gehackte Blockschokolade auf dem Kuchen verteilen und die halbierten Bananen mit der Längsseite nach oben ebenfalls auf den Kuchen legen und weiter backen.

Oh Mother Franzbrötchen

Du brauchst viel Zeit und Geduld! Ergibt ca. 12 Stk.

Vorteig

100 g Weizenmehl (550)

100 g Milch (3,5 %)

1 kleines Stück Frischhefe

Mehlkochstück

25 g Weizenmehl (550)

125 g Milch (3,5 %)

5 g Salz

Hauptteig

Vorteig

Mehlkochstück

375 g Weizenmehl (550)

30 ml Milch (3,5 %)

1 EL Vanille-Extrakt

2 Eier (L)

60 g Zucker

60 g weiche Butter

12 g Frischhefe

zum Tourieren 250 g kalte Butter

zum Bestreichen 2 TL Zimt und

150 g Zucker gemischt (Ihr könnt
    die Menge erhöhen)

Die Zubereitung findest du auf der nächsten Seite

Oh Mother Franzbrötchen

Zubereitung

Vorteig

Alle Zutaten gut verrühren und ca. 20 Stunden an einem kühlen
Ort lagern.

Kochstück

Mehl, Milch und Salz in einem Topf verrühren und bei mittlerer
Hitze sanft erwärmen, bis die Masse andickt. Anschließend vom Herd
nehmen, 1 bis 2 Minuten weiter rühren und mindestens 4 Stunden
oder über Nacht in den Kühlschrank geben.

Hauptteig

1. Die ersten 7 Zutaten ohne Butter und Zucker wie folgt zusammen-
   rühren: 5 Minuten auf niedrigster, weitere 5 Minuten auf
   mittlerer Stufe.

2. Butter in Stücken 5 Minuten auf mittlerer Stufe einrühren, anschließend den Zucker für einige Minuten unterrühren. Der Teig
   ist elastisch und locker und ruht nun für 90 Minuten.

3. In der Zwischenzeit die Tourierbutter (250 g-Packung) an der
   langen, schmalen Kante in 4 gleichgroße Scheiben schneiden,
   diese als Rechteck zwischen Folie legen und auf 20 x 25 cm
   ausrollen. Bis zum Gebrauch in den Kühlschrank legen.

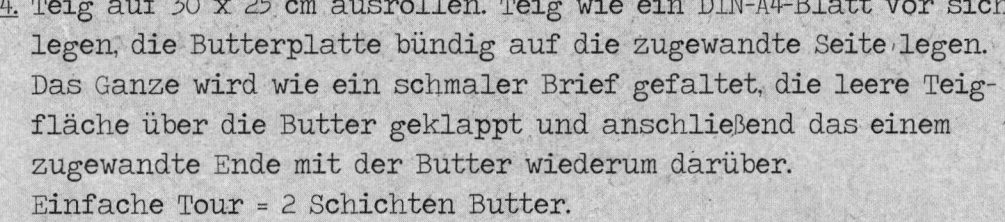

4. Teig auf 30 x 25 cm ausrollen. Teig wie ein DIN-A4-Blatt vor sich legen, die Butterplatte bündig auf die zugewandte Seite legen. Das Ganze wird wie ein schmaler Brief gefaltet, die leere Teigfläche über die Butter geklappt und anschließend das einem zugewandte Ende mit der Butter wiederum darüber.
   Einfache Tour = 2 Schichten Butter.

5. Das Ganze wird wiederholt, indem nun auf 30 x 50 cm ausgerollt wird und geklappt wie oben beschrieben. 2. einfache Tour = 6-fach Butter. Teig wird mit Folie bedeckt und geht im Kühlschrank 60 Minuten.

6. Nun kommt der spaßige Teil: Teig für eine croissantartige Optik auf 60 x 40 cm ausrollen, gut mit Wasser bestreichen (einige Bäckereien bestreichen mit flüssiger Butter) und mit dem Zimtzucker bestreuen. Von der langen Seite her stramm und gleichmäßig aufrollen und in etwa 4 cm breite Stücke schneiden. Jede Scheibe mit dem Stiel eines Kochlöffels bis zum Boden eindrücken. Anschließend werden sie mit großzügigem Abstand auf ein mit Backpapier belegtes Backblech gelegt. Für eine der Hamburger Optiken die Teigplatte auf etwa 40 x 40 cm ausrollen, dadurch werden die einzelnen Schichten dicker.

Man rollt den Teig weniger dünn aus (40 x 40 cm) und drückt den Teigling nach dem Kochlöffeltrick mit der Hand platt, so entsteht hier das Muster von typischen Hamburger Franzbrötchen, bei denen die endgültige Form eher streifenähnlich angeordnet ist

1. Die Teiglinge müssen erneut etwa 60 Minuten gehen, je wärmer die Raumtemperatur, desto kürzer; ich habe sie etwas länger gehen lassen.
2. Gebacken wird bei 200 °C mit etwas Dampf, ersatzweise einer Schüssel Wasser am Backofenboden für 20 Minuten.

Oh Mother Pancakes

400 g Mehl
500 ml Sojamilch
50 g Zucker
5 EL Vanille-Extrakt
3 Tropfen Rum-Aroma
3 EL Apfelmus
1 EL Apfelessig
1 Päckchen Backpulver
1 TL Natron

Beerenmus

Eine Handvoll gefrorene
  Beerenmischung
5 EL Agaven-Dicksaft
50 g Sojajoghurt

Zubereitung

Erst alle »feuchten« Zutaten mischen und dann die trockenen
hinzufügen.
Zum Ausbacken der Pancakes eignet sich am besten Kokosfett.
Wir reichen zu unseren Pancakes am liebsten ein Beerenmus.
Hierzu die gefrorene Beerenmischung mit dem Agaven-Dicksaft und dem
Sojajoghurt im Mixer mixen.

Falls Ihr zu viel Beerenmus übrighabt, könnt Ihr dieses in die
Gefriere stellen und später als Sorbet benutzen oder eben zu
der nächsten Runde Pancakes reichen.

IFE
APPENS
OFFEE
ELPS.

eat cake.

it's somebody's
birthday
somewhere.

24

Rhabarber-Erdbeer-Küchlein im Glas

Reicht für ca. 6-8 Gläser

3 Stangen Rhabarber
300 g frische Erdbeeren
75 ml Sojamilch
1 EL Apfelessig
200 g Sojajoghurt Vanille
250 g Mehl

200 g Zucker
2 EL Vanille-Extrakt
70 ml Pflanzenöl
1 1/2 TL Natron
1 EL Zitronensaft

Die Erdbeeren waschen und in kleine Würfel schneiden;
die Rhabarberstangen putzen und ebenfalls klein
schneiden. Beides mischen und mit etwas Zucker und
Zitronensaft bestreuen.
Milch, Zucker, Öl, Apfelessig und Joghurt vermengen.
Das Mehl sieben und mit Natron unter die flüssige Masse
rühren. Zum Schluss den Vanille-Extrakt und die
Erdbeer-Rhabarber-Mischung unterheben.

 Wusstest du schon: Rhabarber ist je nach
Wetter schon im März/April erntereif.

Den Backofen auf 180 °C Ober-/Unterhitze aufheizen und
ca. 35 Minuten backen.

Zitronen-Olivenöl-Tarte

Abrieb einer halben Bio-Zitrone
Saft von 3 Bio-Zitronen
5 Eier
150 ml Olivenöl (am besten ein fruchtiges)
250 g Magerquark
200 g Zucker
300 g Mehl
3 EL Vanille-Extrakt

Dekoration

150 g Puderzucker
2 EL Orangensaft
(alternativ geht auch
Zitronensaft)
Frischer Thymian-Zweig
Essbare Blüten

Zubereitung

Zitronen waschen (ich weiß, bei Bio muss man das
nicht, aber sicher ist sicher) und abreiben,
danach ausdrücken.
Die Eier mit dem Zucker und dem Vanille-Extrakt
aufschlagen. Olivenöl, Zitronensaft und Quark
hinzufügen. Zum Schluss Mehl und Abrieb unterheben.

Die Masse in eine Silikon-Tarteform gießen und
bei 165 °C Ober-/Unterhitze 35 Minuten backen.

Bounty Cake
(Kastenform)

200 ml Kokosmilch
1/2 Milchmädchen-Tube (klein)
4 Eier
1 Tafel Vollmilch-Kuvertüre
250 g Kokosraspel
200 g Zucker
200 g Mehl
75 ml Öl
1 Päckchen Backpulver

Dekoration
1 Bounty-Riegel
Geschmolzene Vollmilch-Kuvertüre
Kokosflocken

Zubereitung

Die Vollmilch-Kuvertüre im Wasserbad schmelzen.
Eier mit Zucker cremig schlagen. Anschließend das
Öl und die Kokosmilch hinzufügen. Milchmädchen,
geschmolzene Vollmilchschokolade und Kokosflocken
untermengen. Zum Schluss Mehl und Backpulver
unterheben.

Den Backofen auf 180 °C aufheizen und den Bounty
Cake 50 Minuten backen.

31

Rhabarber-Erdbeer-Tartelettes

Für ca. 8-10 Tartelettes

--> Rezept Mürbeteig Grundteig auf Seite 09

3 Stangen Rhabarber
250 g frische Erdbeeren
Etwas Zucker

Für die Streusel
150 g Mehl
75 g Zucker
75 g Butter

Für die Füllung
200 g Frischkäse
1/2 Päckchen Vanillepudding-
   Pulver
5 cl Orangensaft
2 EL Vanille-Extrakt

Zubereitung

Rhabarber schälen und in Stücke schneiden. Erdbeeren waschen und
würfeln. Mit etwas Zucker bestreuen.
Mürbeteig in ca. 60 g große Kugeln formen und diese dann in die Formen
drücken.

Die Quarkmischung mit einem Löffel in die Tarte streichen.
Klein geschnittene Erdbeeren und Rhabarber einfüllen.
Rohe Streusel über die Tartelettes verteilen.

Backofen auf 170 °C vorheizen - Tartelettes ca. 18 Minuten backen.

Abkühlen lassen, um sie dann vorsichtig aus der Form stürzen zu können.

Piña Colada-Kuchen

150 ml Ananassaft (Direktsaft)
200 ml Kokosmilch
4 Eier
200 g Zucker
50 ml Öl (Sonnenblumenöl)
300 g Mehl
1 Päckchen Backpulver
200 g Kokosraspeln

Etwas Butter und Kokosraspeln
für die Backform.

Dekoration

100 g Puderzucker
3 EL Ananassaft
Getrocknete essbare Blüten

Zubereitung

Die Kokosraspeln in einer Pfanne (ohne Öl oder
Fett) anrösten. Zum Abkühlen beiseitestellen.
Die Eier mit dem Zucker aufschlagen. Öl, Ananassaft
und Kokosmilch hinzufügen.
Das Mehl mit dem Backpulver vermengen und zur
Eier-Milch-Masse hinzufügen.
Die gerösteten Kokosraspeln unterheben.

Die Backform mit Butter einfetten und mit Kokosraspeln bestreuen.

Den Backofen auf 170 °C aufheizen und den Kuchen
55 Minuten backen.

Wir verwenden zur Dekoration bei unserem Piña
Colada-Kuchen am liebsten eine Zuckerglasur mit
Ananassaft und getrockneten essbaren Bluten.

Baileys-Latte-Mini-Gugelhupf

5 Eier
200 ml Baileys
100 ml Sahne
50 ml Milch
50 ml Öl
4 x doppelter Espresso
500 g Mehl
2 TL Natron
250 g Zucker
1 Päckchen Vanillezucker

Ergibt ca. 8-10 Stück

Dekoration

Vollmilch-Kuvertüre
Bunte Streusel

Zubereitung

Eier mit dem Zucker und Vanillezucker aufschlagen.
Baileys, Öl, Milch und Sahne hinzufügen. Espresso kochen
und dazugeben - ACHTUNG - vorher etwas abkühlen lassen.
Anschließend das Mehl mit dem Natron vermengen, sieben
und unter die Masse heben.
Backofen auf 175°C Umluft vorheizen und ca. 12-15 Minuten
backen.
Nach dem Backen die Mini-Gugelhupfe abkühlen lassen und
anschließend aus den Silikonformen lösen.
Vollmilch-Kuvertüre im Wasserbad schmelzen und
jeden einzelnen Gugelhupf mit der oberen Seite in die
Kuvertüre tunken. Anschließend etwas Streusel über die
noch warme Kuvertüre.

Marktstand Kurz

Für das Café war von Anfang an klar: frische und regionale Produkte! Der Wochenmarkt in der Stadt, quasi direkt vor der Haustür, ist eine perfekte Ausgangssituation.

Wenn ich nicht durch Empfehlung zu Sonja Kurz und ihrem Marktstand gekommen wäre, hätte mich spätestens die warme und herzliche Freundlichkeit dieser Familie überzeugt.

Sonja betreibt nun schon in zweiter Generation das Familienunternehmen. Angefangen hat alles vor 35 Jahren mit Ihrer Mutti Annelore. Auch Sonjas Kinder und ihren Mann trifft man hier am Stand. Letzterer beliefert uns jeden Mittwoch und Samstag mit seinem »Wägelchen«.

Überhaupt passen unsere Unternehmen sehr gut zusammen. Auch bei Sonja spürt man das Herzblut und die Liebe & Leidenschaft für ihren Job. Familie Kurz sind in Urbach ansässig und kommen nur zum Wochenmarkt hier nach Schwäbisch Gmünd - »Lieber sind wir nur an einem Standort vertreten, aber dafür mit Qualität«.

Besonders ihr großes Angebot an Trockenfrüchten und saisonalen Produkten wie Spargel, Erdbeeren und Pilze ist ihr Aushängeschild.

Red Berries-
Schokoladen-Tarte

Waldbeeren-Mischung
  jeweils 150 g Heidel-
  beeren, Brombeeren und
  Johannisbeeren
1 1/2 TL Agar-Agar
1 EL Limetten-Saft
1 1/2 EL Agaven-Dicksaft
1 EL Speisestärke

Dekoration

Beeren
fein gehackte
  Schokolade
Minzblätter

Zubereitung

→ Boden: Grundrezept veganer Mürbeteig auf
Seite 8

Beim Zubereiten des Mürbeteigs 50 g Mehl
durch Backkakao ersetzen.

Die Beeren, den Limetten-Saft und den Agaven-
Dicksaft mit einem Stabmixer fein pürieren
und anschließend sieben. Das Mus in einem
Topf aufkochen und die Speisestärke sowie
das Agar-Agar hinzufügen. Kurz weiter
köcheln lassen, vom Herd nehmen und in die
Tarte-Form füllen.

Backofen auf 165 °C Umluft vorheizen und
ca. 40 Minuten backen.

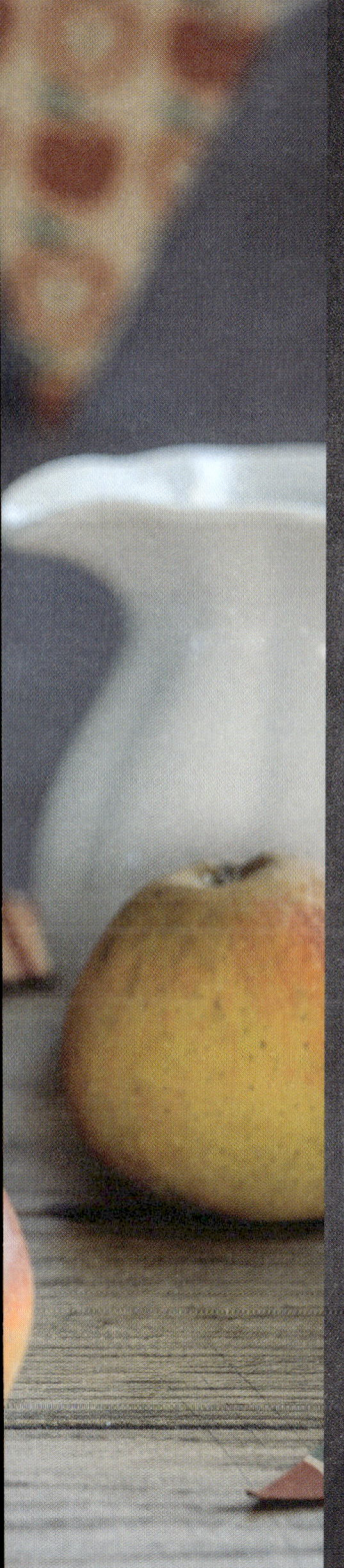

APPLE-PEANUT BUTTER-CAKE

140 ml Sojamilch
1/2 Glas Peanut Butter (creamy)
250 g Mehl
150 g Apfelmus
100 ml pflanzliches Öl

1 Päckchen Backpulver
1 TL Natron
200 g brauner Zucker
2 EL Vanillezucker
3 rote Äpfel (Gala)

Alle flüssigen Zutaten wie Sojamilch und Öl mit dem Apfelmus und der Peanut Butter in einer Schüssel vermengen. Dann das Mehl, Backpulver, Natron und Zucker hinzugeben und alles zu einer homogenen Masse verrühren.
Die Äpfel entkernen, in kleine Würfel schneiden und unter den Teig heben.

 Tipp: Gerne die Schale dran lassen!

Eine Gugelhupf-Form einfetten und mit Margarine und Mehl bestäuben.

Bei 165 °C Umluft ca. 55 Minuten auf der oberen Schiene backen.

Zum Verzieren benutzen wir am liebsten Puderzucker.

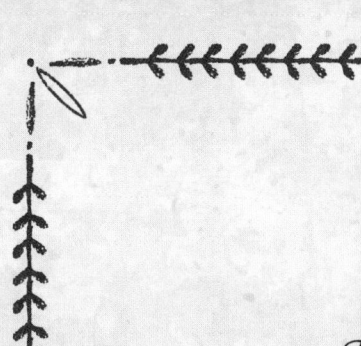

Lavendel-Kuchen

100 ml **pflanzliches Öl**
150 ml Sojamilch
1 Päckchen Backpulver
1 TL Natron

2 EL Lavendelsamen
275 g Mehl
3 EL Vanille-Extrakt
200 g Zucker

Zubereitung

Die Sojamilch mit dem Vanille-Extrakt und den Lavendelsamen einmal aufkochen und dann etwas abkühlen lassen. Zwischenzeitlich Mehl, Backpulver und Natron vermengen. Das Öl und die Lavendelmilch hinzufügen und weiter verrühren, bis eine homogene Masse entsteht.

Die Backform mit Margarine einfetten und mit Semmelbröseln bestreuen.

Den Teig einfüllen und den Kuchen bei 170 °C auf der mittleren Schiene bei Umluft backen.

Wir verwenden zur Dekoration am liebsten ganz schlicht Puderzucker oder einen einfachen Zuckerguss.

Feigen-Tarte

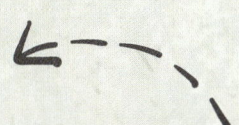

→ Für den Boden Mürbeteig Grundrezept auf Seite 9

8 Feigen	80 g Quark
200 g Walnüsse	2 EL Ahornsirup
30 g Butter	5 EL Orangensaft
20 g Zucker	Honig
50 g Frischkäse	

Zubereitung

In einer Pfanne zuerst Zucker & Butter erhitzen. Walnüsse karamellisieren und zum Abkühlen beiseitestellen.

Das obere und untere Ende der Feigen abschneiden und die Feigen in dünne Scheiben schneiden.

Den Mürbeteig zubereiten, auf einer bemehlten Fläche ausrollen und in die Tarte-Form legen. Festdrücken und den überschüssigen Teig abschneiden.

Quark, Frischkäse, Orangensaft und Ahornsirup vermengen. Die Frischkäse-Quark-Masse in die Tarteform streichen. Feigenscheiben im Kreis legen.

Backofen auf 165 °C Umluft vorheizen und die Tarte ca. 35 Minuten backen.

Anschließend die karamellisierten Walnüsse über die Tarte streuen und mit etwas Honig beträufeln.

Blueberry Lemon Loaf

Für ca. 10 Mini-Loafs

2 Eier
125 g Zucker
1 EL Vanille-Extrakt
150 ml Pflanzenöl
Saft und Zesten einer
   Zitrone

250 g griechischer Joghurt
250 g Mehl
2 TL Backpulver
1 Handvoll Heidelbeeren

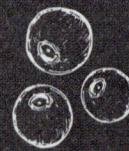

Zubereitung

Die Eier mit dem Zucker aufschlagen. Vanille-Extrakt und Öl hinzugeben. Zitrone abreiben und anschließend ausdrücken. Den Saft und den Abrieb dazugeben.

Den griechischen Joghurt unterheben und anschließend das Mehl und das Backpulver sieben und hinzufügen. Zum Schluss die gewaschenen Heidelbeeren unter den Teig heben.

Den Ofen auf 180 °C Umluft vorheizen und die Mini-Loafs für ca. 20 Minuten backen.

Abkühlen lassen und anschließend aus den Förmchen lösen. Kann mit Puderzucker oder Zuckerguss verziert werden.

bUtterMIlcH-zItronen-KucHen

Abrieb von 1/2 Bio-Zitrone
Saft von 2 Zitronen
250 ml Buttermilch
4 Eier
200 g Zucker
1 Päckchen Backpulver
400 g Mehl
3 EL Vanille-Extrakt
200 ml Pflanzenöl

Dekoration

5 EL Zitronensaft
200 g Puderzucker
Getrocknete Blüten
Zitronenscheiben

Zubereitung

Die Eier mit dem Zucker und dem Vanille-Extrakt
aufschlagen. Buttermilch und Öl hinzufügen.
Halbe Zitrone abreiben und die Zesten
beiseitestellen. Zitronen ausdrücken und den Saft
dazugeben. Mehl, Backpulver und Zesten
unterheben.

Backofen auf 175 °C Umluft vorheizen und den
Kuchen 55 Minuten in einer Kastenform backen.

ZITRONEN-MOHN-MINI-GUGELHUPF

Für ca. 12 Stück

4 Eier
100 ml Öl
100 ml Milch
150 ml Zitronensaft
Zesten einer Bio-Zitrone
500 g Mehl
2 TL Natron
200 g Zucker
1 Päckchen Vanillezucker
250 g Mohn (ganz)

Dekoration

250 g Puderzucker
3 EL Zitronensaft
Essbare Blüten
Dünne Zitronenscheiben

Zubereitung

Die Zitrone waschen und abreiben und anschließend auspressen, den Saft beiseitestellen. Eier mit dem Zucker und dem Vanillezucker aufschlagen. Milch, Öl und Saft hinzufügen. Mohn unterheben. Mehl und Natron vermengen, sieben und anschließend unterheben.

Backofen auf 175 °C Umluft vorheizen und ca. 15 Minuten backen.

Death by Chocolate

250 g Mehl
150 g Zucker
70 g Backkakao
1 Päckchen Backpulver
1 Tafel Blockschokolade
200 ml Schokoladen-Hafer-Drink
75 ml Rapsöl
75 g Apfelmus
100 g veganer Frischkäse
1 Prise Salz
2 TL Vanille-Extrakt

Wusstest du schon, dass Oreo-Kekse für eine vegane Ernährung geeignet sind? Genau wie Pasta Frutta von Haribo oder Ritter Sport Marzipan.

Zubereitung

Den Haferdrink, Öl, Zucker und Vanille-Extrakt in einer Schüssel verrühren. Mehl, Backpulver und Natron sieben und dann ebenfalls unterheben. Die geschmolzene Blockschokolade und das Apfelmus unterziehen. Zum Schluss den Frischkäse unterheben.
Eine Kastenform mit Margarine bestreichen und mit Mehl bestäuben.

Den Kuchen bei 180 °C Ober-/Unterhitze ca. 50 Minuten backen.

Für die Deko verwenden wir am liebsten ein Frosting aus Kokosmilch, Puderzucker und geschmolzener Zartbitterschokolade.

Himbeer-Schokoladen-Cookies

Reicht für ca. 30 kleine oder 12 große Stück

225 g Butter
200 g brauner Zucker extra fein!
200 g Zucker
2 Eier
1 Päckchen Vanillezucker
280 g Mehl

100 g Kakaopulver
1 TL Salz
2 Tl Natron
200 g gefrorene Himbeeren
250 g gehackte Blockschokolade

Zubereitung

In einer extra Schüssel Mehl, Kakaopulver, Salz und Natron vermengen und beiseitestellen. Beide Zuckerarten mit der zimmerwarmen Butter cremig schlagen. Eier und den Vanillezucker hinzufügen. Dann nach und nach die Mehl-Kakao-Mischung dazugeben. Anschließend die gehackte Schokolade und die gefrorenen Himbeeren (die Beeren nicht früher aus der Gefriere holen, da es sonst zu matschig wird) unterheben. Den Teig in Klarsichtfolie zu einer langen schmalen Rolle formen und über Nacht, aber mindestens 1-2 Stunden kalt stellen.

Keine Zeit? Füge 35 g mehr Mehl hinzu und lege den Teig für 30 Minuten in den Tiefkühler.

Um den Teig vor dem Backen bearbeiten zu können, die Teigrolle einfach 30 Minuten vorher aus dem Kühlschrank holen. Daumendicke Scheiben runterschneiden und mit viel Abstand auf dem Backbleich verteilen.

Backofen auf 175 °C Umluft vorheizen und die Cookies ca. 8 Minuten backen.

Sobald die Cookies leichte Risse an der Oberfläche haben, sollten sie fertig sein. Nach dem Backen noch für 5 Minuten auf dem Blech abkühlen lassen und dann vom Backpapier nehmen.
Cookies können auch wunderbar tiefgefroren aufbewahrt und dann später zum Verzehr kurz aufgebacken werden.

Gärtnerei & Blumenladen

Kuhn Thuma

Einer der wichtigsten Bestandteile für das gemütliche und heimelige Wohnzimmer-Feeling im Café: die vielen Blumen und Pflanzen.

Nicht nur mein Obst und Gemüse kaufe ich auf dem Wochenmarkt, auch meine frischen Blumen erhalte ich hier. Genauer gesagt beim Stand von Niklas, der nun in der nächsten Generation das Familien-Unternehmen weiterführt.

Das Blumenhaus in Lindach besteht nun schon seit über 90 Jahren und besticht mit seiner tollen Auswahl an außergewöhnlichen und qualitativ hochwertigen Produkten. Auch Trockenblumen und Deko-Artikel findet man hier. Jeden Mittwoch und Samstag komme ich an den Stand und freue mich auf diese Blütenpracht.

Eierlikör-Blaubeer-Gugelhupf

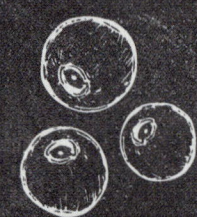

4 Eier
200 ml Eierlikör
200 g Zucker
400 g Mehl
2 EL Vanille-Extrakt
1 Päckchen Backpulver
150 ml Pflanzenöl
300 g (gefrorene) Blaubeeren

Zubereitung

Die Eier mit dem Zucker cremig schlagen und dann den
Vanille-Extrakt hinzufügen. Nach und nach das Öl und
den Eierlikör hinzufügen, dann das Mehl sowie das
Backpulver. Anschließend die gefrorenen Beeren unter
den Teig heben.

Die Gugelhupfform gut einfetten und den Backofen auf
170 °C Umluft aufheizen. Den Kuchen 55 Minuten backen.

Vorsicht beim Öffnen, der Eierlikörduft kann einen
schon mal umhauen!

Orange-Thymian-Küchlein
im Glas

Ergibt ca. 8 Weckgläser

3 Eier
Zesten einer halben Orange
oder Orangenaroma
100 ml Orangensaft
Frische Thymianstängel
200 g Zucker
400 g Mehl
5 g Natron
75 ml Olivenöl
200 ml laktosefreie Milch
3 EL Vanille-Extrakt

Wusstest Du schon?
Thymian enthält sehr viele
ätherische Öle und hat seine
Hauptverwendung in der Medizin,
da er entzündungshemmend wirkt.

Zubereitung

Den Backofen auf 180 °C Umluft vorheizen.

Die Eier mit dem Zucker aufschlagen und den Vanille-Extrakt hinzufügen. Nach und nach das Öl, die Milch und den Orangensaft hinzufügen. Mehl mit Natron mischen und unter die flüssige Masse heben. Zum
Schluss die Orangenzesten und den frischen Thymian dazugeben.

Teig in kleine Weckgläser geben und 35 Minuten auf der mittleren
Schiene backen.

Für mehr Aroma die Gläser nach dem Backen mit einem Deckel
verschließen.

Matcha-Kuchen

250 g Mehl
100 g Sojajoghurt Vanille
1 EL Apfelessig
200 ml Mandelmilch
150 g Zucker
75 ml Pflanzenöl
1 Päckchen Backpulver

1 TL Natron
1 Prise Salz
1 Handvoll
Macadamia-Nüsse
2 EL Vanille-Extrakt
3 gehäufte Esslöffel
Matcha-Pulver

Wusstest du schon?
Matcha enthält die Vitamine A, B, C und E und
ist somit ein echtes »Superfood«. Das Pulver
sollte immer luftdicht und kühl gelagert
werden, da es sonst an Qualität verliert.

Zubereitung

Die Mandelmilch mit Vanille-Extrakt kurz
aufkochen und das Matcha-Pulver darin verrühren;
zum Abkühlen beiseitestellen.
Zwischenzeitlich Mehl, Backpulver, Zucker, Salz
und Natron vermengen.
Den Joghurt, die abgekühlte Matcha-Milch und das
Öl hinzugeben und alles zu einem Teig
verrühren. Macadamia-Nüsse unter den Teig heben.

Den Backofen auf 165 °C Umluft vorheizen und
ca. 50 Minuten auf mittlerer Stufe backen.

CASHEW-WEISSE SCHOKOLADE-COOKIES

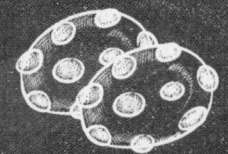

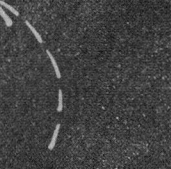

REICHT FÜR CA. 24 STÜCK

225 g Butter, 210 g brauner Zucker extra fein!, 100 g Zucker,
2 Eier, 1 TL Vanille-Extrakt, 350 g Mehl, 1 TL Salz, 1/2 TL Natron,
120 g Cashewkerne, 350 g gehackte weiße Kuvertüre

Zubereitung

Butter (zimmerwarm) mit beiden Zuckerarten cremig schlagen.
Anschließend die Eier und den Vanille-Extrakt hinzufügen. Mehl mit
Salz und Natron mischen und zur Butter-Zucker-Creme hinzugeben; so-
lange rühren, bis das Mehl vermengt ist. Zum Schluss die Cashewkerne
und die Kuvertüre unterheben.
Den Teig in Klarsichtfolie zu einer langen schmalen Rolle formen und
über Nacht (mindestens drei Stunden) kalt stellen. Keine Zeit? Füge 50 g
mehr Mehl hinzu und lege den Teig kurz in den Tiefkühler.
Um den Teig vor dem Backen bearbeiten zu können, die Teigrolle einfach
50 Minuten vorher aus dem Kühlschrank holen. Daumendicke Scheiben
runterschneiden und mit viel Abstand auf dem Backbleich verteilen.

Backofen auf 175 °C Umluft vorheizen und die Cookies ca. 10-12 Minuten
backen.

Cookies müssen außen braun und knusprig sein. Keine Angst, wenn sie
innen noch etwas »weich« wirken. Sie härten beim Abkühlen noch aus.
Wichtig ist, dass sie nicht glänzend sind.
Für die richtige Lagerung die Cookies immer luftdicht verschließen, so
halten sie mindestens eine Woche.

Erdbeeren-After 8-Tarte

Für den Boden das Mürbeteig-
Grundrezept auf Seite 9 verwenden.

1 Packung Vanillepudding-Pulver
60 g Frischkäse
40 g Magerquark
5 EL Sahne
5 EL Orangensaft
2 EL Ahornsirup
25 g Zucker

Dekoration

Eine Handvoll große Erdbeeren
8 After 8-Plättchen
Frische Minzezweige

Zubereitung

Für den Boden der Tarte das Mürbeteig-Grundrezept zubereiten. Den Teig
in eine längliche Tarte-Form drücken. Für die Füllung den Quark, den
Frischkäse und den Ahornsirup verrühren.
Die Packung Vanillepudding-Pulver mit dem Zucker und der Sahne an-
rühren und unter die Quarkmasse heben. Die Füllung auf dem Mürbeteig
verteilen.

Den Backofen auf 170 °C Umluft aufheizen. Die Tarte ca. 35 Minuten backen.

Abkühlen lassen, aus der Form lösen und dann die in Scheiben
geschnittenen Erdbeeren im Wechsel mit den Schokoladen-Minze-
Plättchen auf der Tarte verteilen.

Träubles-Kuchen

300 g frische rote Johannisbeeren
250 g Mehl
75 g Apfelmus
1 EL Apfelessig
200 ml Sojamilch
150 g Zucker
75 ml Pflanzenöl
1 Päckchen Backpulver
1 TL Natron

Zubereitung

Die Milch mit dem Öl und dem Zucker aufschlagen. Dann das Apfelmus und den Apfelessig hinzufügen. Mehl sieben und mit dem Backpulver und Natron in die flüssige Masse geben. Ganz zum Schluss die Johannisbeeren unter den Teig heben.

Backform mit Margarine einfetten und mit Mehl bestäuben.

Den Backofen auf 175 °C Ober-/Unterhitze aufheizen und den Kuchen 50-55 Minuten backen.

Zur Dekoration benutzen wir am liebsten nur Puderzucker.

Käsekuchen ohne Boden
mit Waldbeeren-Topping

3 Eier
125 g Butter
250 g Zucker
2 EL Vanille-Extrakt
Saft einer 1/2 Zitrone
1 kg Magerquark
5 EL Mais-Grieß
1/2 Päckchen Backpulver

400 g frische Beerenmischung
20 g Puderzucker
Zitronenssaft

Falls Ihr vergessen habt, die Butter
aus dem Kühlschrank zu holen und
sie noch zu hart ist, einfach in der
Mikrowelle 30 Sekunden erwärmen.

Zubereitung

Die Eier trennen und das Eiweiß aufschlagen. Aufgeschlagenes Eiweiß
kaltstellen. Zucker mit der weichen Butter, dem Vanille-Extrakt und den
Eigelben cremig schlagen.

Die restlichen Zutaten wie Zitronensaft, Quark, Grieß und das Backpulver
unterheben. Zum Schluss langsam das aufgeschlagene Eiweiß unter die
Masse heben.
Eine Springform einfetten und etwas Grieß über das Fett streuen. So
bekommt Ihr später den Kuchen einfacher aus der Form.
Den Ofen auf 165 °C Umluft aufheizen. 40 Minuten backen, dann den Kuchen
mit Backpapier abdecken und für weitere 15 Minuten backen.

250 g der Beerenmischung mit Puderzucker, Zitronensaft zu Beerenmus
pürieren. Das Mus über den abgekühlten Kuchen gießen und die Beeren
oben drüberstreuen.

Orange-Himbeer-Mohn-Loaf

Reicht für ca. 10 Stück

4 Eier
225 g Butter
100 g Zucker
1 EL Vanille-Extrakt
2 EL Joghurt 3,5 % Fett
100 ml Orangensaft
(alternativ der Saft
einer Orange)

Orangen-Zesten
1 Prise Muskatnuss
1 Prise Salz
200 g Mehl
1 1/2 TL Natron
3 EL Mohn (ganz)
Eine Handvoll
    gefrorene Himbeeren

Zubereitung

Zimmerwarme Butter mit dem Zucker und
dem Vanille-Extrakt cremig aufschlagen.
Eier hinzufügen, Orangensaft und
anschließend den Joghurt unterheben.
Die trockenen Zutaten Salz, Muskatnuss
und Zesten dazugeben. Anschließend Mehl
und Natron sowie den Mohn hinzufügen.
Zum Schluss die gefrorenen Himbeeren
unter die Masse heben.

Ofen auf 160 °C Umluft einstellen und
ca. 30 Minuten backen.

Mini-Loafs abkühlen lassen. Zum Verzieren
Zuckerguss, getrocknete Himbeeren oder
Orangenscheiben nutzen.

Rosmarin-Pfirsich-Tarte

5 große Pfirsiche
Frischer Rosmarin
3 EL Butter
--> (für die vegane Variante
    Margarine verwenden)
50 g brauner Zucker

--> Mürbeteig Rezept auf Seite 9
(siehe auch veganer Mürbeteig auf
Seite 8)

100 g Frischkäse
120 g Quark
    --> Altenativ 250 g veganer Frischkäse

3 EL Mango-Saft
6 EL Ahornsirup (oder Agaven-Dicksaft)
2 EL Vanillezucker

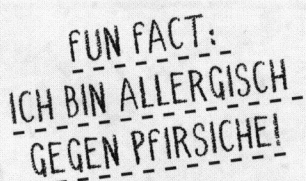

FUN FACT:
ICH BIN ALLERGISCH
GEGEN PFIRSICHE!

Zubereitung

Die Pfirsiche waschen, entkernen und halbieren.
Anschließend die Hälften in dünne Scheiben schneiden.
In einer Pfanne Butter mit Zucker erhitzen. Die Pfirsiche und den
Rosmarin in der Pfanne karamellisieren lassen. Während die Pfirsiche
abkühlen, den Mürbeteig zubereiten.
Den Mürbeteig in eine bemehlte runde Tarte-Form drücken und kurz
kaltstellen. Den Quark, Frischkäse, Ahornsirup und Vanillezucker mit
dem Mango-Saft verrühren. Die Masse in die Tarte-Form streichen, die
Pfirsiche kreisförmig in der Form verteilen.

Die Tarte bei 160 °C Umluft ca. 35 Minuten backen.

Zum Stürzen der Tarte einen Teller mit der flachen Seite auf die Tarte
legen, umdrehen und die Backform entfernen. Dann einen anderen Teller
oder Tortenfuß umgekehrt auf die Tarte legen, umdrehen, und schon habt
Ihr die Tarte ohne große Probleme, wo Ihr sie haben wollt.

Salted Caramel

Karamell-Sauce

150 ml Kokosmilch
200 g Zucker
50 ml Wasser

250 g Mehl
150 g Zucker
100 g Koawach Karamell & Meersalz
50 g Backkakao
1 Tl Natron
1/2 Tafel Blockschokolade
250 ml Sojamilch
75 ml Rapsöl
75 g Apfelmus
1 Prise Salz
2 TL Vanille-Extrakt

Zubereitung

Die Blockschokolade im Wasserbad schmelzen. Alle trockenen Zutaten miteinander vermengen. Dann die Sojamilch, Apfelmus, Öl und Vanille-Extrakt hinzugeben. Zum Schluss die geschmolzene Blockschokolade unterheben.

Backofen auf 180 °C Umluft aufheizen und den Kuchen ca. 55 Minuten backen.

Für die Karamell-Sauce Wasser in einen Topf füllen, Zucker mittig einrieseln lassen. Wasser aufkochen, bis der Zucker karamellisiert. Topf vom Herd nehmen.
Die Kokosmilch langsam dazugeben. Ständig rühren, bis die Milch komplett verbraucht ist. Dann alles nochmal aufkochen lassen. Karamell abkühlen und dann als Dekoration über den abgekühlten Kuchen verteilen.

DALGONA COFFEE

1 EL warmes Wasser
1 EL Instantkaffee
1 EL Zucker

220 m Milch nach Wahl
(wir benutzen am liebsten
Hafermilch)
Eiswürfel

In einer Schüssel Instantkaffee, Zucker und Wasser so
lange mit einem Rührgerät
auf höchster Stufe schlagen,
bis eine fluffige Creme entsteht. Eine Handvoll
Eiswürfel in ein Glas füllen.
Milch dazugeben und mit
einem großen Löffel die
Instantkaffee-Creme
hinzufügen.

COLD BREW COFFEE

100 g gemahlener koffeinfreier Kaffee
1 Liter kaltes Wasser
Karaffe
Filter
Mandelmilch
Eiswürfel

Im besten Fall sollte eine Karaffe mit Filter verwendet werden. In den Filter das gemahlene Kaffeepulver füllen. Das kalte Wasser im Uhrzeigersinn langsam über das Pulver gießen. So lange wiederholen, bis das gesamte Wasser verbraucht ist. Anschließend muss die Karaffe für ca. 24 Stunden in den Kühlschrank, damit der Kaffee durchzieht.
Für den Verzehr Eiswürfel in ein Glas geben, Cold Brew Kaffee eingießen und abschließend die Milch drübergießen.
Tipp: Die Milch direkt auf einen Würfel gießen. Dann gibt es eine tolle Schichtung zwischen Kaffee und Milch.

PINK LATTE

1 Espresso
(im Café verwenden wir allerdings
einen doppelten)
250 ml Milch nach Wahl
1-2 El Rote-Bete-Saft

Den Rote-Bete-Saft in die Milch
geben und aufschäumen.
Die Pinke Milch in ein Glas
geben, Espresso brühen und in
die Milch geben.

MATCHA LATTE

1 Espresso
250 ml Milch nach Wahl
1-2 TL Matcha-Pulver

Mit ein paar Löffeln Milch das Matcha-
Pulver vermischen, bis alle Klümpchen
verschwunden sind. Anschließend die
Matcha-Milch aufschäumen.
Espresso brühen. Erst die Matcha-Milch
in das Glas und anschließend den
Espresso hineingießen.

MERCI

Nun kommt der Teil eines Buches, der nicht fehlen darf, auch wenn ich mir sicher bin, dass nicht alle Menschen Bücher bis zum Ende durchlesen. Doch das ist okay. Sind ja auch immer ein paar persönliche Zeilen. Für mich ist dieser Part eine Möglichkeit, den Menschen zu danken, die mich nicht nur bei der Entstehung des Buches unterstützt und begleitet haben, sondern auch bei der Realisierung meines Lebenstraums Oh Mother - in welcher Form auch immer - bestärkt haben.

Mein Ehemännchen - Du bist wirklich der nervenstärkste Mensch, den ich kenne! Niemand, wirklich niemand würde das Leben mit mir so souverän überstehen. Du hältst mir so oft den Rücken frei. Wir sind ein Team. Egal in welcher Lebenslage. Nicht jeder kann das nachvollziehen. Aber wir sind ein Erfolg.

Danken möchte ich auch den Frauen in meiner Familie: meiner Mama, die daran schuld ist, dass ich meinen Weg in die Gastronomie gefunden habe. Auch wenn ihr das vielleicht nicht bewusst ist, habe ich von Ihr gelernt, wie spaßig und erfüllend dieser Job sein kann.

Meiner Oma, sie hat die Familie mit Ihrem Essen zusammengehalten. Sie war die typische Oma, die Dir Eierkuchen zum Abendessen backt, wenn es Dir schlecht geht. Die den besten Eierlikör-Kuchen machte, den ich je gegessen habe. Von ihr habe ich definitiv die Leidenschaft fürs Backen mit auf den Weg bekommen. Auch wenn sie damals nicht glücklich über meine Entscheidung war, diesen Weg zu gehen, heute wäre sie sicher stolz auf mich!

83

Meinem Papa, der mir mit seinem jahrelangen Know-how im Bereich Selbst-ständigkeit immer ein Vorbild war. Ich bewundere ihn heute noch sehr, besonders in dieser schlimmen Phase, dass er immer die Fahne oben hält, lächelnd hinter dem Tresen steht und innerlich sicher nur heulen könnte. Dank geht auch an meine besten Freundinnen Annette und Julia, die sich sehr oft mein Mimimi und meine Selbstzweifel anhören mussten. Die mir immer wieder einen neuen Anreiz gaben, mich zu verbessern, und mich so oft inspiriert haben. Danke, dass ihr immer für mich da seid!

Meiner Schwägerin, die ich so spontan für dieses Projekt begeistern konnte. Die ganz genau weiß, wie ich mir etwas vorstelle, und die so oft ihr bisschen Zeit für mich und das Buch geopfert hat. Danke für Deine wundervollen Bilder und Ideen!

Ein großer Dank geht natürlich auch an den einhorn-Verlag, der mir diese Möglichkeit gab und auf mich zukam. Ich hätte mich sonst nie getraut, diesen Schritt zu gehen.

Meine Nachbarn stellen mir sicher Ihre Monatsrechnung für Weight Watchers in Rechnung, da sie immer die Reste vernichten mussten. Danke, dass Ihr immer wieder meine Versuchskaninchen seid...

Zum Schluss möchte ich mich bei meinem Team bedanken, meinen Mädels und Jungs. Ohne Euch wäre das Oh Mother nicht der Ort, der er heute ist! Eure Gastfreundschaft, Freundlichkeit und Herzlichkeit machen das Café zu einem Ort, an dem man gerne arbeitet - Ihr seid das Herz des Cafés. Danke, dass Ihr immer hinter mir und meinen Ideen steht, dass Ihr mich unterstützt, wo Ihr könnt, und mir so oft den Rücken freihaltet!